VISTA™

Identificar
el propósito del autor

Frases claves para **identificar el propósito del autor**:

El autor escribió este libro porque
quería _____.
Lo sé porque _____.

informar	El lector aprende algo nuevo.
convencer	El autor quiere que el lector opine igual que él.
entretener	El lector se divierte.

Un autor escribe porque tiene algo que decir.
Tiene un **propósito**. El propósito puede
ser **informar, convencer** o **entretener**.

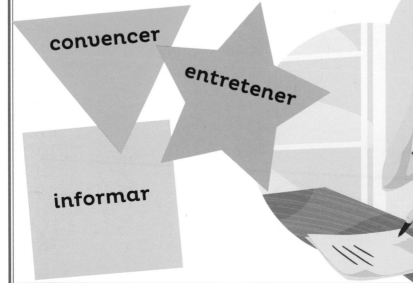

convencer

entretener

informar

Los **símbolos** de Estados Unidos

VISTA™

Zain

Mi nombre es Zain. Vivo en Michigan.
Michigan está en Estados Unidos.

En la escuela aprendo sobre Estados Unidos.

Michigan

El nombre Michigan proviene de una palabra que significa "gran lago".

¡Hay mucho que aprender! Aprendo sobre los símbolos de Estados Unidos. Un símbolo es como un signo. Un símbolo ayuda a las personas a pensar en algo o a recordarlo. Estados Unidos tiene muchos símbolos.

líderes

elegir

VOTA

Aprendo sobre los presidentes de Estados Unidos. El presidente es el **líder** del país. Cada cuatro años, los estadounidenses votan para **elegir** a un nuevo presidente. ¡El trabajo del presidente es muy importante! El presidente ayuda a hacer leyes y trabaja para mantener nuestro país seguro.

Oficina Oval

El presidente trabaja en la Casa Blanca. La Casa Blanca está en Washington, D. C. La oficina del presidente se llama Oficina Oval. ¡Tiene forma de óvalo! El presidente viaja por todo el mundo para reunirse con otros líderes.

¡EXTRA!

El presidente de Estados Unidos tiene un avión especial que se llama *Air Force One*.

Parques nacionales

Un parque nacional es un área de tierra que está protegida por el gobierno. Muchos parques nacionales fueron creados para proteger las plantas y los animales que viven allí.

Montana

Yellowstone

Idaho

Wyoming

El Parque Nacional de Yellowstone fue el primer parque nacional del mundo. Se encuentra en tres estados: Wyoming, Idaho y Montana. Yellowstone tiene muchos géiseres, que son agujeros en el suelo que expulsan chorros de agua caliente y vapor.

géiser

El parque nacional más grande de Estados Unidos se encuentra en Alaska. Tiene muchas montañas, más de un **glaciar** y una gran variedad de vida silvestre.

glaciar

El Gran Cañón está en Arizona. Es uno de los cañones más grandes del mundo. El Gran Cañón fue excavado en la tierra por el río Colorado.

En el Parque Nacional Sequoia, en California, se encuentra el árbol más grande del mundo: una secuoya gigante. ¡Mide 275 pies de altura y tiene unos 2000 años de antigüedad!

La bandera de Estados Unidos es un símbolo muy
importante. La bandera tiene 50 estrellas. Hay una
estrella por cada uno de nuestros 50 estados. También
tiene 13 franjas. Hay una franja por cada una de las 13
colonias que fundaron Estados Unidos. Los colores de
la bandera son rojo, blanco y azul. Los colores también
son símbolos.

Los estadounidenses están **orgullosos** de su bandera. Enarbolan la bandera en sus hogares. Ondean banderas en los desfiles.

orgullosa

La bandera de Estados Unidos ha llegado a la Luna con los astronautas de las misiones espaciales.

La bandera de Estados Unidos no siempre fue como la vemos ahora. La primera bandera tenía 13 estrellas y 13 franjas. Representaba las trece **colonias** que se convirtieron en los primeros trece estados. Luego, dos estados más pasaron a ser parte del país. La segunda bandera tenía 15 estrellas y 15 franjas.

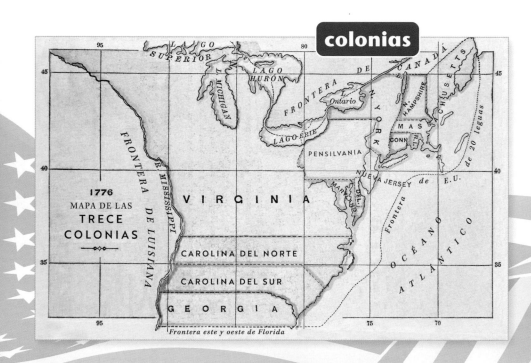

colonias

1776
MAPA DE LAS
TRECE
COLONIAS

1777–1795

13 estrellas y 13 franjas

1795–1818

15 estrellas y 15 franjas

1818–1819

20 estrellas y 13 franjas

1960–hoy

50 estrellas y 13 franjas

A medida que el país crecía, se le fueron agregando más franjas y estrellas a la bandera. Pero pronto no hubo suficiente espacio para más franjas. Entonces, se decidió que la bandera solo tendría 13 franjas, pero que cada vez que hubiera un nuevo estado, se agregaría una estrella.

El águila calva también es un símbolo de nuestro país.
Es un ave grande y fuerte. Hace muchos años, estuvo a
punto de extinguirse. ¡Es decir que por poco desaparecen
las águilas calvas! Ahora hay leyes para protegerlas de
cosas que podrían causarles daño.

El nombre del águila calva proviene de una palabra que significa "blanca". La cabeza del águila calva está cubierta de plumas blancas. El águila calva es un símbolo de la fuerza de nuestro país.

Las **aves** de los estados

Cada estado de Estados Unidos tiene sus propios símbolos. Uno de ellos es el ave que representa a cada estado. ¿Sabes cuál es el ave representativa del estado en que vives?

El ave que representa al estado de California es la codorniz de California.

El ave que representa al estado de Michigan es el petirrojo.

El ave que representa al estado de la Florida es el ruiseñor.

El ave que representa al estado de Illinois es el cardenal del norte.

El ave que representa al estado de Nueva York es el azulejo oriental.

El ave que representa al estado de Nevada es el azulejo de montaña.

El ave que representa al estado de Washington es el jilguero amarillo.

rascacielos

isla

Esta es la Estatua de la Libertad. Esta estatua se encuentra sola en una **isla** de Nueva York y es tan alta como un **rascacielos**. La Estatua de la Libertad es un símbolo de libertad e independencia.

La Estatua de la Libertad es una de las estatuas más altas del mundo. Hay que subir 354 escalones para llegar a la corona.

Hace mucho tiempo, gente de toda Europa llegaba a Estados Unidos en barco. Era un viaje largo. Cuando veían la Estatua de la Libertad, sabían que estaban en Estados Unidos. La Estatua de la Libertad hacía que los viajeros se sintieran bienvenidos.

Hace mucho tiempo, se tocaban las campanas para anunciarle diferentes cosas a la población. Cuando la gente escuchaba las campanadas, iban a la ciudad para averiguar qué pasaba. Por ese motivo se fabricó una campana especial en Pensilvania. Todavía no se llamaba la Campana de la Libertad.

Algunos instrumentos musicales suenan como las campanas. Cuando se golpean las barras de un *metalófono*, el sonido que emite es parecido al de una campanada.

tocando el metalófono

grieta en la Campana de la Libertad

A la Campana de la Libertad se le abrió una grieta. Trataron de arreglarla, pero no pudieron. La campana agrietada se tocó durante años para celebrar muchos eventos importantes, y en 1839, los estadounidenses que querían poner fin a la esclavitud la adoptaron como símbolo.

La gente comenzó a llamarla la "Campana de la Libertad". Esta campana representa la independencia estadounidense, la abolición de la esclavitud y la lucha por los derechos civiles y las libertades en general. Después de muchos años, la grieta se hizo más grande. La última vez que se tocó la Campana de la Libertad fue para el cumpleaños de George Washington, en 1846.

Después de ese cumpleaños de Washington, la campana se agrietó aún más y no se pudo volver a usar. Hoy en día, la campana se exhibe en el Centro de la Campana de la Libertad, frente al Salón de la Independencia, en Filadelfia. Mucha gente viaja desde todo el mundo para ver la Campana de la Libertad.

Salón de la Independencia

Hay muchos símbolos de Estados Unidos sobre los que aprendemos en la escuela. Podemos ver estos símbolos en muchos lugares diferentes.

Los símbolos ayudan a las personas a recordar cosas
que son importantes y lo que sucedió en el pasado.
Los símbolos de Estados Unidos nos recuerdan
la libertad.

colonias grupos de personas que son gobernadas por otro país

elegir seleccionar a alguien para que realice un trabajo

glaciar gran extensión de hielo

isla extensión de tierra completamente rodeada de agua

líder persona que les dice a los demás qué hacer

orgullosa(o) muy feliz o satisfecha(o)

rascacielos edificio de gran altura

Photography and Art Credits

All images © by Vista Higher Learning unless otherwise noted.

Cover: (tl) Rido/Shutterstock; (tr) Rob Crandall/Shutterstock; (ml) Iuliia_n/Shutterstock; (mr) Skreidzeleu/Shutterstock; (bl) Orhan Cam/Shutterstock; (br) Michael Deemer/Shutterstock; (background) Royce Bair/Getty Images.

4-5: (background) Petch One/Shutterstock; **4:** (t) Rido/Shutterstock; (m) Royce Bair/Getty Images; (b) Edwin Butter/123RF; **5:** (t) Skreidzeleu/Shutterstock; (ml) Orhan Cam/Shutterstock; (mr) Songquan Deng/123RF; (b) Rainer Lesniewski/Shutterstock; **6:** (t) Evan El-Amin/Alamy; (m) Mark Reinstein/Shutterstock; (b) Hill Street Studios/Getty Images; **7:** (t) Luca Perra/Shutterstock; (m) Joseph Sohm/Shutterstock; (b) Karol Ciesluk/Getty Images; **8-9:** (background) Theus/Shutterstock; Udovichenko/Shutterstock; **8:** Wisanu Boonrawd/Shutterstock; **9:** (t) Galyna Andrushko/Shutterstock; (mtl) Georgia Evans/Shutterstock; (mtr) Photo Spirit/Shutterstock; (mb) Sumikophoto/Shutterstock; (b) Belikova Oksana/Shutterstock; **10:** Iuliia_n/Shutterstock; **11:** (tl) Roberto Galan/Shutterstock; (tr) MaxyM/Shutterstock; (m) Wavebreakmedia/Shutterstock; (b) Courtesy of NASA; **12:** Lake Erie Maps and Prints/Alamy; **13:** Paladin12/Shutterstock; **14:** (t) Rob Crandall/Shutterstock; (b) Tory Kallman/Shutterstock; **15:** RLS Photo/Shutterstock; **16-17:** (background) Fahkamram/Shutterstock; **16:** (t) Andrew Boro Bell/Shutterstock; (m) Gregg williams/Shutterstock; (b) Emre Dikici/Shutterstock; **17:** (t) Bonnie Taylor Barry/Shutterstock; (mt) Steve Byland/Shutterstock; (mb) MTKhaled Mahmud/Shutterstock; (b) Brian E Kushner/Shutterstock; **18-19:** GCShutter/Getty Images; **19:** Mark and Anna Photography/Shutterstock; **20:** Michael Deemer/Shutterstock; **21:** (t) Littlekidmoment/Shutterstock; (b) Gang Liu/Shutterstock; **22:** Foto-select/Shutterstock; **23:** Ritu Manoj Jethani/Shutterstock; F11photo/Shutterstock; **24:** (t) Rido/Shutterstock; (m) Orhan Cam/Shutterstock; (b) Iuliia_n/Shutterstock; **25:** (t) Rob Crandall/Shutterstock; (m) Skreidzeleu/Shutterstock; (b) Michael Deemer/Shutterstock; **26:** (tl) Lake Erie Maps and Prints/Alamy; (tr) Evan El-Amin/Alamy; (ml) Hill Street Studios/Getty Images; (mr) Wavebreakmedia/Shutterstock; (bl) Galyna Andrushko/Shutterstock; (br) GCShutter/Getty Images; **Master Art:** Fotomay/Shutterstock.

© 2023, Vista Higher Learning, Inc.
500 Boylston Street, Suite 620
Boston, MA 02116-3736
www.vistahigherlearning.com
www.loqueleo.com/us

Dirección Creativa: José A. Blanco
Vicedirector Ejecutivo y Gerente General, K–12: Vincent Grosso
Desarrollo Editorial: Salwa Lacayo, Lisset López, Isabel C. Mendoza
Diseño: Ilana Aguirre, Radoslav Mateev, Gabriel Noreña, Verónica Suescún, Andrés Vanegas, Manuela Zapata
Coordinación del proyecto: Karys Acosta, Tiffany Kayes
Derechos: Jorgensen Fernandez, Annie Pickert Fuller, Kristine Janssens
Producción: Esteban Correa, Oscar Díez, Sebastián Díez, Andrés Escobar, Adriana Jaramillo, Daniel Lopera, Juliana Molina, Daniela Peláez, Jimena Pérez

Los símbolos de Estados Unidos
ISBN: 978-1-54338-632-5

1 2 3 4 5 6 7 8 9 AP 28 27 26 25 24 23